AF202560

Jörg Krämer
Hilde Niggetiet

Stiefelchen, der Wald und die Tiere

© 2023 Jörg Krämer

Handschriftliche Aufzeichnungen: Hilde Niggetiet

ISBN Softcover: 978-3-347-90918-2
ISBN Hardcover: 978-3-347-90920-5
ISBN E-Book: 978-3-347-90927-4

Druck und Distribution im Auftrag des Autors:
tredition GmbH, An der Strusbek 10, 22926
Ahrensburg, Germany

Das Werk, einschließlich seiner Teile, ist urheberrechtlich geschützt. Für die Inhalte ist der Autor verantwortlich. Jede Verwertung ist ohne seine Zustimmung unzulässig. Die Publikation und Verbreitung erfolgen im Auftrag des Autors, zu erreichen unter: tredition GmbH, Abteilung "Impressumservice", An der Strusbek 10, 22926 Ahrensburg, Deutschland.

Jörg Krämer ist 1966 in Witten geboren. Nach seinem Abitur und einer Ausbildung zum Kommunikationselektroniker arbeitet er inzwischen als Integrationsbeauftragter.

Mit dem Schreiben hat er als Sachbuchautor begonnen. "Germanischer Bärenhund-Portrait einer außergewöhnlichen Hunderasse" war sein erstes Buch. Es sollte ursprünglich auch sein einziges Sachbuch bleiben. Eine Hundeausstellung, ein Geburtstag und ein Versprechen machten seinen Vorsatz zunichte. Er schrieb ein zweites Hundebuch: "Pyrenäenberghunde- Aus den Pyrenäen in den Ruhrpott".

Um seinen Schreibstil zu verbessern, absolvierte er einen mehrjährigen Lehrgang in der Schule des Schreibens.

Aus den Aufzeichnungen seiner Großmutter sind die Bücher "Im Schatten von Schlägel und Eisen", "Herz schlägt Krieg" und das Vorlesebüchlein „Stiefelchen, der Wald und die Tiere" entstanden.

Mit dem Roman "Gefährten der Hoffnung-Eriks Suche" ist er bei meinem eigentlichen Genre, der Fantasy angekommen. Die Fortsetzung "Gefährten der Hoffnung-Giada" ist in Arbeit. Krämer liest gerne und betreibt seit vielen Jahren Kampfsport.

In einer großen Stadt wohnte eine junge Familie: Vater, Mutter und eine kleine Tochter. Die Eltern hatten der Kleinen den Namen Stiefelchen gegeben. Und warum, das soll euch dieses Märchen erzählen.

Stiefelchen war fast fünf Jahre alt und ein hübsches und sehr kluges Kind.
Es hatte immer die tollsten Einfälle, und die Eltern waren bei ihm vor Überraschungen nicht sicher.
Stiefelchen war tagsüber fast immer alleine. Der Vater arbeitete in einer Fabrik, die Mutter in einem Büro.
Es war furchtbar.
Morgens, nach dem Frühstück, räumte die Mutter schnell ein bisschen auf, stellte das Essen für Stiefelchen bereit, warf noch einen Blick ins Kinderzimmer und verschwand.
Wenn Stiefelchen dann noch ganz verschlafen aus seinem Bettchen kroch, war die Wohnung, außer samstags und sonntags, leer; immer wieder leer.

Stiefelchen war ein sehr fröhliches und lustiges Kind.
Es hatte ja auch alles zum Spielen, was es sich wünschte. Aber das hätte es zu gerne abgegeben, wenn es dafür, wie andere Kinder, Großeltern und Geschwister hätte.
Am schlimmsten war es, wenn es den ganzen Tag regnete.
Dann schaute die Kleine oft stundenlang zum Fenster raus.

Heute war wieder so ein verflixter Tag.
Stiefelchen hat sich seinen Regenmantel geholt und ist auf den Bürgersteig gerannt.
Da hat es aus Versehen eine Frau angerempelt.
Die schrie gleich los: „Hast du keine Augen im Kopf, du dummes Ding? Pass das nächste Mal gefälligst besser auf!"
Stiefelchen war ganz traurig: „Warum bist du so böse? Ich habe es doch gar nicht absichtlich gemacht."
Es wäre so gern zur Mutti gelaufen und hätte ihr seinen Kummer erzählt, aber die

war ja nie da, wenn Stiefelchen sie brauchte.

Kam dann die Mutter nachmittags todmüde nach Hause, traute die Kleine sich nicht, etwas zu sagen.

Es tat ihr einfach zu leid.

Aber langsam verlor Stiefelchen seinen Frohsinn.

Die Mutti hat bei all ihrer Arbeit gar nichts gemerkt.

Aber an einem Abend fragte sie plötzlich: „Stiefelchen, was ist geschehen?"

„Ach Mutti, ich möchte so gerne zum Christkind gehen. Da wäre ich nicht wie hier so alleine. Da ist der Nikolaus und viele, viele Engelein."

„Stiefelchen, weißt du denn nicht, wo das Christkind wohnt? Dass es hoch oben im Himmel thront? Der Weg dorthin ist viel zu weit, dass es kein Mensch dort oben erreicht."

„Mutti, ich könnte doch mit einem Flugzeug fliegen."

„Und woher willst du das Geld kriegen?"

„Ich weiß, Mutti, einer nimmt mich mit, wenn er mein ganzes Sparschwein dafür kriegt. Ich will das Christkindchen doch gar nicht stören, nur zusehen und zuhören. Vielleicht kann ich ihm auch ein bisschen behilflich sein. Sag, Mutti, siehst du das ein?"

„Ach, Stiefelchen, ich werde dir heute ein ganz besonders schönes Märchen erzählen. Und das mit dem Christkind vergisst du ganz schnell wieder. Den Wunsch kann dir kein Mensch erfüllen."

Sie hat Stiefelchen versprochen, im nächsten Jahr nicht mehr zu arbeiten, und dachte, damit wäre das Problem gelöst. Aber da hatte sie sich geirrt.

So schnell gab ihr Stiefelchen nicht auf. Was es sich mal in ihr Köpfchen gesetzt hatte, das führte es auch aus.

Am Abend schaute es in den Himmel und sagte: „Du, guter Mond, und ihr, meine lieben Sterne, müsst mir bitte, bitte den Weg zum Christkind zeigen."

Es glaubte, der Mond hätte Ja zu seinem Vorschlag gesagt.

Stiefelchen kroch aus seinem Bettchen und lauschte an der Tür, ob seine Eltern schon schliefen.

Es war alles mucksmäuschenstill.

Da hat es sich schnell angezogen und ist leise aus dem Haus geschlichen.

Stiefelchen hat noch schnell nach rechts und links geschaut, ob es auch nicht gesehen wurde.

Dann ist es losgerannt, als ginge es um sein Leben.

Das Tempo hielt aber nicht lange an.

Es wurde immer etwas müder und langsamer.

Da dachte es: „Mutter hat mal wieder recht, der Weg ist schon sehr, sehr weit. Aber ich muss es schaffen. Koste es, was es wolle."

Angst brauchte Stiefelchen ja nicht zu haben.

An den Straßen haben Laternen gestanden, und es war taghell.

Langsam, ohne dass die Kleine es merkte, kam es in einen dunklen Wald.

Es wurde immer dunkler und dunkler.

Es raschelte und knisterte in allen Ecken.
Da wurde es doch ein bisschen bange, und
es war mit seinem Mut zu Ende.
Es schrie so laut es nur konnte nach seiner
Mutti.
Aber die konnte ihr Stiefelchen nicht hören.
Da sprach die Lerche: „Wenn du so müde
bist, leg dich doch ein Weilchen hierher
und ruhe dich aus."
Das machte Stiefelchen dann auch.
Da kamen der Bär und das Rehchen, und
das Rehchen rief: „Sieh nur, mein lieber
Bär, da liegt ein kleiner Engel unter dem
Baum. Den müssen wir aber ganz schnell in
unsere Höhle bringen, damit ihm nichts
passiert."
Der Bär nahm das Mädchen auf seinen star-
ken Arm und legte es in der Höhle neben
das Rehchen.
Das Stiefelchen schlief fröhlich weiter.
Es fing gleich an zu träumen:
Es lag unter Tannbäumen,
die sind geschmückt ganz wunderschön,
solche hatte es noch nie gesehen.
Auf einmal, das werdet ihr nicht glauben,

hörte Stiefelchen neben sich Pferde schnauben.
Sie ziehen das Christkind und einen herrlichen Wagen.
Damit haben sie Stiefelchen in den Himmel gefahren.
Es öffnete sich das Himmelstor.
Stiefelchen stand begeistert davor.
Es hat ihm fast die Sprache verschlagen.
Da standen Hunderte von Puppenwagen.
Herrliche Puppenbetten in Reih und Glied.
Zu welchem wohl das Christkind riet?
Die Puppen zählen, hätte es nicht geschafft.
Kinder, Kinder, welch eine Pracht!
Die süßesten Engel rannten hin und her,
als ob sie richtige Computer wären.
Zu jedem Päckchen wurde der Wunschzettel gelegt,
damit es auch zu den richtigen Kindern geht.
Stiefelchen kam aus dem Traume nicht raus.
Was stand da für ein Puppenhaus?
Ganze Kartons voll Süßigkeiten.
Wollte die das Christkind alleine verteilen?

So hatte Stiefelchen sich das nicht vorge-
stellt.
„Christkind, du hast die größte Werkstatt
der Welt."
Schaukelpferdchen, ganz klein.
Ach, mussten sich die Engel beeilen.
Ein Wagen nach dem anderen wurde voll-
geladen,
und mit einem ist das Christkind über weiße
Wolken zur Erde gefahren.

Stiefelchen dachte, es wäre beim Christkind
gewesen.
Aber was war denn das?
Tiere, lauter Tiere! Eines schöner als das
andere.
Ja, jetzt fiel es ihm wieder ein.
Es war ja von zu Hause weggelaufen, weil
die Eltern es immer alleine ließen.
Hätte es gewusst, was sich die Eltern für
Sorgen machten, hätte es sich gleich wie-
der auf den Weg nach Hause gemacht.

Die Mutter schaute ins Kinderzimmer, als
sie von der Arbeit kam.

Als das Bettchen leer war und sie ihr Stiefelchen nicht sah, rief sie immer wieder: „Stiefelchen, Stiefelchen! Komm aus deinem Versteck! Mach mir nicht solche Angst."

Sie rannte auf die Straße, fragte jeden, den sie traf: „Habt ihr nicht so ein kleines blondes Mädchen gesehen? Es ist mir scheinbar weggelaufen."

Die Leute verneinten.

Es tat ihnen so leid, und sie halfen der Mutter suchen.

Da rannte die Mutter zum Vater in die Fabrik.

Er rannte mit, ohne sich abzumelden.

Aber von Stiefelchen keine Spur.

„Mutter, Mutter, beruhige dich doch. Du kennst doch unser Stiefelchen, was es immer für Einfälle hat. Es kommt schon zurück."

Stiefelchen wusste von alledem nichts, und es freute sich, als es all die Tiere sah. Sie haben es so lieb angeschaut.

Stiefelchen rückte ganz nah an das Rehchen heran und streichelte sein schönes weiches Fell.

Dann flüsterte es dem Rehchen ins Ohr: „Hör mal, wie mein Magen knurrt. Ich habe einen schrecklichen Hunger. Zu Hause hätte meine Mutti schon längst den Frühstückstisch gedeckt."

„Ja, Stiefelchen, hier im Wald ist das anders", sagte das Rehchen, „hier muss jeder selbst für sich sorgen. Wir müssen erst ein ganzes Stück laufen. Aber, Stiefelchen, es lohnt sich auch. Es wachsen dort die süßesten Beeren, und du kannst essen, bis dir dein kleines Bäuchlein platzt."

Langsam waren alle Tiere wach.

„Na, du kleiner Zwerg, wie hast du denn so in unserer Mitte geschlafen? War`s dir nicht zu kalt?"

„Oh nein, es war noch viel, viel wärmer als in meinem Bettchen."

Stiefelchen sprang von seinem Lager und hat vor Freude ein paar Purzelbäume geschlagen.

„Bitte, bitte, ich möchte bei euch bleiben."

Die Tiere waren richtig stolz, dass das kleine Stiefelchen sich so wohl bei ihnen fühlte.

Dann sind alle losgewandert.

Sie hatten schnell den Futterplatz erreicht.

Stiefelchen aß so viel von den Beeren, als hätte es schon vierzehn Tage nichts zu essen gehabt.

Das Rehchen fragte: „Wirst du eigentlich gar nicht satt?"

„Doch. Aber jetzt möchte ich zu trinken haben. Ich habe Durst."

„Dann wollen wir zur Quelle gehen", sagte der Bär, „da darfst du trinken, so viel du magst."

Stiefelchen meinte: „Wir haben doch gar keine Becher mit."

„Das ist doch nicht wichtig. Du machst uns einfach alles nach. Wenn du bei uns bleiben willst, musst du dich daran gewöhnen."

Stiefelchen passte gut auf.

„Einfach den Kopf unter das Wasser halten? Da bin ich ja patschnass."

„Siehst du, Kleines, es klappt schon ganz gut. Und von so ein paar Spritzern stirbst du nicht."

„Nein", sagte Stiefelchen, „schmeckt das Wasser herrlich!"

„Ja, mein Kind, aber langsam hast du genug."

Stiefelchen dachte: „Die Stimme kenne ich doch."

„Da bist du platt", sagte der Nikolaus. „Ich wollte dich zu deinen Eltern bringen. Die sind in großer Sorge um dich."

„Oh, bitte, bitte, lieber Nikolaus, lass mich nur ein paar Tage hier bleiben. Du weißt doch, zu Hause bin ich immer so alleine."

Der Nikolaus hatte Mitleid und war einverstanden.

Ach, fingen da alle an zu toben.

Selbst die Äste an den Bäumen haben sich gebogen.

Auch die Vögel wurden angesteckt und ließen ihre Stimmen in den höchsten Tönen erklingen.

Es war wunderbar.

Stiefelchen war gar nicht zu bändigen.

„Ach, mein lieber Bär, könnte ich doch immer bei euch bleiben! Aber leider geht die Zeit schnell um, und dann muss ich zurück zu meinen Eltern."

„Wenn es schneit und friert, kannst du nicht bei uns bleiben. Dann sind oft sogar die Tiere in großer Not."

Stiefelchen sagte: „Aber in diesem Winter nicht. Da gehe ich früh genug heim, und Mutter und ich und noch viele, viele andere Menschen werden dann für euch sorgen. Nun wollen wir nur noch an etwas Schönes denken."

Siefelchen fragte das Rehchen: „Darf ich heute Abend wieder bei dir schlafen? Ich habe dich doch so lieb."

Das Rehchen war über die Auszeichnung stolz wie ein König und stolzierte wie ein Gockelhahn hinter Stiefelchen her.

„Jetzt werde ich dich erst mal mit unseren Eichhörnchen bekannt machen. Es sind ganz besonders schöne und flinke Tiere. Damit du noch eine richtige Mahlzeit für heute Abend hast, werden die Eichhörnchen viele Nüsse knacken. Ein paar kannst du dir dann noch für morgen früh aufheben."

„Oh, mein Rehchen, du denkst wirklich an alles."

Stiefelchen rannte wie wild durch den Wald. Hin und wieder versteckte es sich hinter den Bäumen.

Die Tiere hatten im ersten Moment Angst, aber nachher merkten sie, dass es ein Spiel war.

Sie tobten fleißig mit.

Doch plötzlich wurde Stiefelchen ganz schlapp.

„Ich kann nicht mehr! Ich kann nicht mehr!"

Da nahm es der Bär auf seinen Rücken und sagte: „Jetzt werden wir in die Höhle gehen. Da kannst du dich ausruhen. Sonst wirst du, kleines Schätzchen, uns noch krank. Und das willst du doch nicht. Morgen beginnt wieder ein neuer Tag, da bist du ausgeruht und kannst tanzen und springen, so viel du magst."

Stiefelchen hat dem Bären vor Rührung ein Küsschen gegeben.

Da hat der sich aber sein Maul abgeleckt, so gut hatte ihm das Küsschen geschmeckt. Er sagte noch: „Stiefelchen, geh nie ohne uns in den Wald. Es ist viel zu gefährlich. Du traust allen, und das ist nicht gut. Denn nicht alle sind so freundlich wie wir. Wir haben das einmal erlebt, als man unserem Rehchen seine Mutti erschoss. Am besten, wir bleiben immer ganz hübsch zusammen."

Stiefelchen antwortete: „Ich mache alles so, wie ihr es für richtig haltet."

„So, jetzt wollen wir Schluss machen und schlafen."

„Oh, nein", rief das Rehchen, „Stiefelchen wollte uns noch eine hübsche Geschichte erzählen."

„Mein Gott", dachte Stiefelchen, „hilf mir. Ich bin so müde. Aber versprochen ist versprochen."

„Ich werde euch vom Tannenbaum erzählen: *Die schönsten Tannen werden abgeschlagen und am Heiligen Abend in die Stube getragen. Da werden sie mit Plätzchen und bunten Kugeln geschmückt. Jeder*

Zweig bekommt noch ein helles Licht. Das finden die Tannenbäume wunderschön, wenn sie die strahlenden Gesichter der Kinder sehen. Dann klingen die schönsten Lieder durch den Raum. Unter vielen anderen „Oh Tannenbaum, oh Tannenbaum!" Es denkt nicht ein Baum daran, wie es ihm nach Weihnachten ergehen kann. Da stehen viele zum Schluss nackt und leer, haben keine grünen Nadeln mehr. Da ist jeder draußen für sich alleine und denkt: „Ach könnte ich noch einmal im Wald bei den Tieren sein!" Die Bäume, die noch ihre Wurzeln hatten, haben sich auf den Weg in den Wald gemacht. Aber es war gar nicht so leicht. Ihre Freunde merkten sofort, wie sie hin und her wackelten. Sie stupsten sie ein bisschen. Nach einer ganzen Zeit standen die Tannenbäume wieder kerzengerade und erzählten ihren Freunden, was sie alles erlebt hatten. Hoffentlich holt uns das Christkindchen im nächsten Jahr wieder."

Dem Rehchen liefen die Tränen übers Gesicht.

So traurig hatte Stiefelchen es noch nie gesehen.

„Weißt du, das ist aber eine traurige Geschichte."

Der Bär donnerte los mit seiner tiefen Stimme: „Im nächsten Jahr werde ich aufpassen, dass nicht eine Tanne aus unserem Wald verschwindet. Da sollen mich aber die Menschen so richtig kennenlernen!"

Stiefelchen dachte: „Da habe ich ja was Schönes angerichtet. Wie biege ich das nur wieder hin?"

„Oh, mein Bär, da wären ich und noch viele, viele andere Kinder sehr unglücklich. Denn ein Tannenbaum gehört nun einmal zum Weihnachtsfest. Ihr dürft doch den schönsten Teil aus meiner Geschichte nicht vergessen. Stellt euch nur vor: An jedem Abend werden die Kerzen angezündet, und der Tannenbaum strahlt in seiner ganzen Pracht. Er ist der Mittelpunkt. Alle Augen sind nur auf ihn gerichtet. Und immer wieder klingt es durchs ganze Haus: „Oh Tannenbaum, oh Tannenbaum, wie grün sind deine Blätter!" Oder: „ Am

Weihnachtsbaume die Lichter brennen!"
Könnt ihr euch etwas Schöneres vorstellen?
Wenn dann abends die Eltern schlafen,
schleichen die Kinder aus ihren Zimmern,
und der Baum gibt bis zum Schluss immer
noch etwas zum Naschen her. Sicher, es
war keine lange Zeit. Aber welcher Baum
im Wald hätte sich schon so gefreut?"
Das Rehchen hörte auf zu weinen, und der
Bär sagte: „Stiefelchen, nicht böse sein. Du
hast Recht. Die Geschichte ist wunderschön. Jetzt wollen wir aber schlafen gehen. Es ist sehr spät geworden."
In diese Nacht konnte Stiefelchen nicht
gleich einschlafen.
Es war ein bisschen unheimlich.
Der Bär schnarchte so laut, dass man
glaubte, die Höhle wäre zusammenge-
stürzt.
Es dachte: „Bin ich dumm. Wer wird hier
Angst haben?"
Die Eulen haben doch in den Bäumen Wa-
che gehalten.
Und wehe einer schlich sich an die Höhle
heran, dann brüllten sie los.

Und ehe man sich versah, war der Bär auf-
gesprungen und streckte seinen Kopf her-
aus. Dann ließ sich niemand mehr blicken.
Denn außer den Menschen hatten alle
Angst vor ihm.
Stiefelchen wollte an nichts mehr denken.
„Morgen muss ich wieder fit sein und die
Tiere ein bisschen erziehen. Dazu gehört
schon allerhand."
Es freute sich, dass es so selbstständig erzo-
gen war.
Zu Hause hat ihm das oft nicht gefallen,
aber hier kam ihm das alles zugute.
Heute Morgen zum Frühstück hatte es sich
wieder etwas Besonderes ausgedacht. Es
hatte Kokosnüsse in der Mitte geteilt. Die
hatte es von zu Hause mitgebracht. In der
einen Hälfte war die Milch, in der anderen
das Fleisch. Das hatte Stiefelchen mit roten
und schwarzen Beeren verziert.
Es sah so appetitlich aus, aber das war nur
für die Kleinen.
Die Großen mussten selbst für sich sorgen.
Der Bär stand Stiefelchen bei allem zur
Seite, was es tat.

Damit sie nicht jeden Morgen zur Quelle mussten, hatte der Bär Wasser in Flaschen, die im Wald herumlagen, gefüllt.

Getrunken wurde aus leeren Kokosnussschalen.

Bei Stiefelchen herrschte Ordnung.

Als es fertig mit allem war, dröhnte es durch die Höhle: „Na, ihr Faulpelze, wollt ihr nicht aufstehen? Dann werde ich alles alleine essen!"

Jetzt entwickelten die Kleinen ein Tempo; Das war vielleicht ein Durcheinander.

Alle wollten sich gleich aufs Essen stürzen.

Stiefelchen rief: „Erst mal die Pfoten waschen!"

Der Bär war platt, wie die Kleine das schaffte.

Das Rehchen meinte: „Das hat geschmeckt."

„Ja", sagte Stiefelchen, „es ist auch gar nicht so leicht, euch alle satt zu kriegen. Aber ihr helft ja fleißig dabei. Jetzt wollen wir uns an die Arbeit machen. Übermorgen ist Weihnachten, dann wollen wir schön feiern. Jeder muss etwas dafür tun und holen, was ihm am besten liegt. Ihr Häschen Möhren und Salat, ihr Eichhörnchen Nüsse und Sonnenblumenkerne. Die Äffchen werden euch bei allem helfen. Und du, mein Bär, wirst reichlich Laub zusammentragen. Daraus mache ich schöne Lager."

Stiefelchen hatte noch nicht richtig ausgesprochen, da zischten alle ab wie der Blitz. Der Bär dachte: „Die hat sich vielleicht Respekt verschafft."

„Mein Rehchen", sagte Stiefelchen, „wir werden die Höhle auf Hochglanz bringen. Dann ist das Weihnachtsfest sogar in unserer Höhle etwas Besonderes."

Als Stiefelchen im Laub herumkrabbelte, hat es einen Schrecken gekriegt. Es hat auf einen spitzen Gegenstand gefasst. „Sieh nur, mein Rehchen, wir haben Zuwachs gekriegt. Ein Igel hat sich hereingeschlichen. Schau nur, da sind noch mehr. Ich glaube, der hat seine ganze Familie mitgebracht."

Das Rehchen meinte: „Sollen die vielleicht hier bleiben?"

„Warum denn nicht? Wir haben doch Platz genug. Und die armen Tierchen, wo sollen sie hin? Zum Essen brauchen sie nur ein bisschen von unserer Kokosmilch."

„Ach, Stiefelchen, die haben doch gar keinen Mund."

„Pass gut auf, ich schütte ein bisschen Milch auf den Boden."

Das Rehchen glotzte vor Neugierde.

Da hatten sich schon alle um die Milch versammelt.

Es kamen kleine Köpfchen zum Vorschein, Augen wie kleine Perlen und kleine rosa Zungen. Damit leckten sie die Milch ganz schnell auf.

Das Rehchen war ganz erstaunt.

Dann hat es aus Versehen auf einen Igel getreten.

„Nein!", schrie es, „Die Tiere mag ich nicht. Sieh mal, mein Fuß blutet, so hat es mich gestochen."

„Aber, mein Rehchen, das ist doch sin Panzer. Damit schützt er sich vor Feinden. Das weiß doch der Igel nicht, dass du so ein liebes Tier bist. Aber mit der Zeit lernen sie dich kennen und sie ziehen ihre Stachel ein."

„Also gut, Stiefelchen, dann sollen sie bleiben."

„Mein Gott", sagte Stiefelchen, „wir haben so viel Zeit vertrödelt. Gleich kommen die Anderen, und wir zwei haben nichts geschafft. Schnell, schnell die Kartons, dass sie die Vorräte ablegen können."

Die beiden haben sich bald überschlagen, damit sie ja alles fertig hatten.

Langsam trudelte dann auch einer nach dem anderen ein.

Und wie beladen sie waren!

Stiefelchen war überglücklich.

„Das wird ein Weihnachtsfest geben! Jetzt brauchen wir uns keine Sorgen mehr machen. Selbst wenn es friert oder schneit, habt ihr noch ein paar Wochen reichlich zu essen. Ihr müsst es nur ganz gut einteilen und jeden Tag, solange es irgend geht, neues heranschaffen."

Jetzt hatte der Bär die Igel entdeckt und fragte: „Wie kommen die Biester hier herein?"

Darauf wusste Stiefelchen keine rechte Antwort. „Weißt du, mein Bär, sie haben sich nicht angemeldet; waren einfach da." Die Igel rollten sich vor Angst ganz zusammen, denn so eine raue Stimme hatten sie noch nie gehört.

Mit der Zeit haben sie sich aber daran gewöhnt und merkten bald, dass der Bär gar nicht so böse war, wie er sich anhörte.

Er meinte: „Stiefelchen, gibt`s heute nichts zu essen? Wir sind hungrig von der vielen Arbeit."

„Ja, ja", sagte die Kleine, „es geht ganz schnell. Die Igelfamilie hat mich ein bisschen durcheinander gebracht."

Der Bär meinte: „So eilig ist es auch wieder nicht. Wir werden ja nicht gleich verhungern. Wie ich dich kenne, hast du erst einmal die Igelfamilie versorgt."

„Ja", rief das Rehchen, „die haben von unserer Kokosmilch gekriegt."

„So ist es auch richtig. Stiefelchen, bei uns soll kein Tier hungern. Und Platz ist auch genug für alle. Die brauchen ja nur ein ganz kleines Plätzchen für sich."

In einer halben Stunde hatte Stiefelchen das Essen fertig.

„Jetzt haben wir noch den ganzen Nachmittag frei."

Der Bär meinte: „Es wird schon früh dunkel, aber ein paar Stunden bleiben uns immer noch."

Nach dem Essen haben sie sich auf den Weg zum See gemacht.

Stiefelchen und einer nach dem anderen.

So merkte es gar nicht, wie weit der Weg war.

Endlich hatten sie den See erreicht.

Stiefelchen war sprachlos.

Da schwammen ja hunderte von Tieren.

„Ja, Stiefelchen, das sind Enten, Gänse und Schwäne."

Und wie viele Seerosen auf dem See waren!

Stiefelchen konnte es nicht fassen.

Da setzte es der Bär auf einen Schwan.

Der ruderte mit ihm über das ganze Wasser.

Stiefelchen jauchzte und jubelte vor Freude.

Später nahm der Bär es auf seinen Rücken,
und sie rannten schnell in ihre Höhle, denn
es war dunkel geworden.
An diesem Abend nahm Stiefelchen sich
vor, nach der Weihnachtsfeier mit ihren
Tieren, zu ihren Eltern zurück zu kehren!

Hildes Gedichte

Hilde mit Ehemann und Tochter

Hilde mit ihren beiden Töchtern

Hilde

Stiefelchen und sein Reh

Stiefelchen sucht im Wald sein Reh,
plötzlich seht es in seiner Näh.
Es hat ihm ins Ohr geflüstert,
dass es bald ein Baby kriegte.

Mein liebes Rehchen, das kann nicht sein!
Du bist ja selber noch so klein.
Stiefelchen, ich muss dir noch was sagen,
sieh da drüben, der wird der Vater.

Das ist aber ein hübscher Mann.
Sag, mein Kleines, wie kommst du daran?
Er hat sich sofort in mich verliebt
und meint, dass es kein schöneres Rehlein
gibt.

Ja, da hat dein Mann wohl recht,
sein Geschmack ist gar nicht schlecht.
Sieh Stiefelchen, er ist eifersüchtig auf dich,
so sehr liebt er mich.

Mein Rehchen, eins will ich dir noch sagen,
Mutter und ich würden gerne die Paten.

Stiefelchen, so soll es sein,
hoffentlich stimmt mein Mann da ein.

Ich werde all das Gute erzählen,
dann wird er den Vorschlag annehmen.
Ich habe da ein leichtes Spiel.
Sag ihm, dass er mir gefiel.

Die Tiere im Wald planen ein Fest

Der Bär möchte ein großes Fest geben,
dass die Bäume und Sträucher beben.
Er hat mit seiner Frau beraten,
was werden unsere Freunde wohl dazu sagen?

Wir werden unsere Höhle schmücken,
noch viele und schöne Blumen pflücken.
Die stellen wir in Kokosnussschalen,
damit sie frisches Wasser haben.

Wie wär's, wenn wir Theater spielen?
Woher willst du Kostüme kriegen?
Das werden wir schon schaffen,
Kleider aus Blüten und Blättern machen.

So schwer kann das doch nicht sein,
du hilfst mir ja dabei.
Unsere Freunde können das nicht wissen,
müssen ihnen eine Einladung schicken.

Unsere Vögel werden die Briefträger sein,
die schaffen es bestimmt allein.

Jetzt wollen wir uns beeilen
und die Einladungen schreiben.

Wir müssen uns große Mühe geben,
hoffentlich geht nichts daneben.
Unsere Freunde haben von Natur aus Talent,
wenn nur das Licht in unserer Höhle
brennt.

Das Fest beginnt

Am Abend haben die Äffchen das Fest er-
öffnet.
Sie sahen süß aus in ihren bunten Röck-
chen,
tanzten und hüpften hin und her,
als ob sie richtige Tänzer wären.

Die Häschen hatten sich was Besonderes
ausgedacht,
haben all ihre Kinder auf die Bühne gebracht.
Sie trugen weiße Fähnchen in den Ohren.
Bei jedem Luftzug ging eines verloren.

Die Rehchen sind über viele Hürden gesprungen,
das Kunststück ist ihnen gelungen.
Die Igel rollten sich über die Bühne,
mit ihren Stacheln sind sie hängen geblie-
ben.

Die Eichhörnchen hüpften von Ast zu Ast,
haben Körbe voll Nüsse gebracht.

Die haben sie unter die Zuschauer verteilt.
Ach, haben die sich gefreut.

Zum Schluss hat der Bär seine Frau vorge-
stellt.
Sagt; ist sie nicht die Hübscheste auf der
Welt?
Alle klatschten und schrien im Chor,
wir haben Respekt davor.

Dann sind zwei Zuschauer auf die Bühne
gekommen,
haben eine Krone aus Tannen genommen,
die haben sie der Bärin überreicht.
Die Bärin hat vor Freude geweint.

Das Fest ist gelungen,
alle sind nochmal auf die Bühne gesprungen.
Sie holten einen tollen Applaus.
Jetzt gehen alle zufrieden nach Haus.

Sag; ist das Fest geglückt?
Der Bär hat seine Frau feste gedrückt.

Du warst die Allerschönste von allen,
sag liebe Frau; hat`s dir gefallen?

Stiefelchen und das Christkind

Das Christkind kommt mit Pferd und Wagen,
damit haben sie Stiefelchen in den Himmel
gefahren.
Der Weg dorthin war sehr weit,
so dass es ohne das Christkind niemand erreicht.

Es öffnet sich das Himmelstor,
Stiefelchen steht begeistert davor.
Es hat ihm fast die Sprache verschlagen,
da standen hunderte von Puppenwagen.

Puppenbetten in Reih und Glied,
zu welchem mir wohl das Christkind riet?
Die Puppen zu zählen hätte ich nie geschafft.
Oh Christkind, welch eine Pracht!

Die süßesten Engel rannten hin und her,
als ob sie richtige Computer wären.
Sie mussten zu jedem Päckchen den
Wunschzettel legen,

sollen sie doch zu den richtigen Kindern gehen.

Stiefelchen kam aus dem Staunen nicht
raus,
was stand da für ein Puppenhaus.
Große Kartons voller Süßigkeiten,
die Engel mussten alles vorbereiten.

So hatte Stiefelchen sich das nicht vorgestellt.
Christkind, du hast die größte Werkstatt
der Welt.
Warum darf ich nicht bei euch sein?
Da wäre ich glücklich und nie allein.

Nein, Stiefelchen, jetzt wirst du mit auf den
Wagen geladen
Und wieder zu deinen Eltern gefahren.
Liebes Christkind, ich danke dir schön,
bis zum nächsten Jahr, auf Wiedersehn.

So soll es sein, mein liebes Kind,
steig in den Wagen ganz geschwind.

Dazu ist Stiefelchen nicht mehr gekommen,
ihr schöner Traum, er war zerronnen.

Der Tannenbaum

Der Tannenbaum hat nur ein grünes Kleid,
ob`s regnet, stürmt oder schneit.
Darum werden viele abgeschlagen,
Weihnachten in die Wohnungen getragen.

Hier werden sie herrlich geschmückt,
jeder Zweig bekommt ein helles Licht.
Das finden die Tannen wunderschön,
wenn sie die strahlenden Augen der Kinder
sehn.

Jeden Abend werden die Kerzen ange-
macht,
dann erstrahlt er in seiner ganzen Pracht.
Es klingt durch den ganzen Raum,
oh Tannenbaum, oh Tannenbaum.

Er gibt immer wieder zum Naschen her,
das freut die kleinen Kinder sehr.
Im Wald stehen noch so viele Bäume allein,
möchten auch in warmen Stuben sein.

Kein Baum denkt daran,

wie es ihm nach Weihnachten ergehen
kann.
Dann stehen sie nackt und leer,
haben keine grüne Nadel mehr.

Dabei hat es nicht an ihnen gelegen,
im Zimmer ist es zu warm gewesen.
Nun liegt jeder draußen für sich allein,
denken, können die Menschen grausam
sein.

Lassen nur ihre Vorteile gelten,
daran sollten auch wir Tannen denken.
Wir haben aber eine herrliche Zeit gehabt,
soviele Kinder glücklich gemacht.

Darum wollen wir nicht klagen
Und unser Schicksal geduldig ertragen.
Vielleicht wird unser Leben bis zum Som-
mer reichen,
dann stehen wir in den Gärten als Erbsen-
reiser.

Weitere Bücher von Jörg Krämer

Germanischer Bärenhund- Portrait einer außergewöhnlichen Hunderasse

Die Rückkehr des Germanischen Bärenhundes. Als Hof-, Hirten- und Jagdhunde setzten die Germanen robuste, ausdauernde und wachsame Hunde, sogenannte Germanische Bärenhunde, ein. Diese mussten in einer harten, lebensfeindlichen Umwelt überleben und ihre Sippe verteidigen. Im Laufe der Zeit verlor sich die Spur dieser Hunde. In den 80er-Jahren des 20. Jahrhunderts entwickelten sich aus einem Fehlwurf zwischen Bernhardiner und weißem Hirtenhund Welpen, die dem alten Germanischen Bärenhund nahekamen. 1994 wurde der moderne Germanische Bärenhund schließlich vom Deutschen Rassehunde Club anerkannt. Jörg Krämer schildert die Geschichte der Geburt dieser Hunderasse, illustriert die historischen Details mit kleinen Geschichten und Anekdoten sowie Bildern und gibt Ratschläge zu Haltung und Erziehung der sanften Riesen.

Herausgeber: novum pro

Preis: 17,40 €   Sprache: Deutsch

Ebook: 10,99 €

Taschenbuch: 124 Seiten

ISBN-10:   3990266969

ISBN-13:   978-3990266960

Gefährten der Hoffnung- Eriks Suche

In einer zerstörten Welt, bewohnt von Mutanten und erwachten Wesen, findet Erik seine große Liebe: Irinskat. Alles scheint perfekt. Doch dann schlägt das Schicksal zu. Irinskat und ihre Tochter Nanuk werden von Plünderern entführt. Kann Eriks vierbeiniger Gefährte Odin, ein riesiger Bärenhund, helfen, Irinskat zu retten? Und welche Rolle spielt Giada, die italienische Kriegerin, der sie unterwegs begegnen? Während der Suche tritt immer häufiger Eriks Geheimnis zutage. Wird das seine Familie retten oder seine Gefährten in den Untergang reißen? Zach, der Waldkauz, ist Nanuks Freund. Er unterstützt die Gefährten als Kundschafter und erzählt ihre Geschichte auf seine ganz eigene Art und Weise.

Herausgeber: net-Verlag; 1. Edition (2. Dezember 2019)
Sprache: Deutsch   Preis: 15,95 €
Broschiert: 236 Seiten   Ebook: 4,99 €
ISBN-10:   3957202655
ISBN-13:   978-3957202659

Hörbuch

Im Schatten von Schlägel und Eisen

1865: Das Ehepaar Biel lebt mitten im Ruhrgebiet. Johannes Biel ist Bergmann auf der Zeche Neu-Iserlohn. Seine Ehefrau, Wilhelmine Biel, bringt acht Kinder zur Welt, die sie in armen Verhältnissen resolut aber liebevoll großzieht.

Abseits der glanzvollen Geschichten bekannter Industriellenfamilien gewährt der Autor tiefe Einblicke in das Leben der einfachen Bergleute.

Die Arbeit auf der Zeche ist dabei nur am Rande Thema. Der Blick ist immer in die Familie und das Gefühlsleben hinein gerichtet.

Der Leser lernt die Werte dieser Zeit kennen, und wie sie vermittelt wurden. Werte, die sich teilweise gravierend von unseren heutigen unterscheiden.

Die genannten Personen haben alle gelebt; die Schauplätze existieren teilweise heute noch. So ist die Zeche Neu-Iserlohn die heutige JVA Bochum-Langendreer.

Herausgeber: net-Verlag; 5. Edition   Preis: 18,95 €
Sprache: Deutsch   Ebook: 9,99 €
Taschenbuch: 368 Seiten
ISBN-10:   3957200377
ISBN-13:   978-3957200372

Herz schlägt Krieg

Das zwanzigste Jahrhundert. Zwei Weltkriege erschüttern Europa.
Hilde Niggetiet, 1910 geboren, erzählt in ihrer Biografie von dem Versuch, in den Wirren der Kriege ein normales Familienleben zu führen.
Bombenangriffen, Kinderlandverschickung und persönlicher Schicksalsschläge zum Trotz lässt sie sich nie entmutigen.
Als sie aber gegen den Willen ihrer Familie mit ihrem Geliebten Erwin durchbrennt, scheint für sie die Chance auf ein glückliches Familienleben endgültig gescheitert.

Herausgeber:	tredition
Preis:	15,00 €
Sprache:	Deutsch
Ebook:	9,99 €
Gebundene Ausgabe:	260 Seiten
ISBN-10:	3347788028
ISBN-13:	978-3347788022

Pyrenäenberghund - Aus den Pyrenäen in den Ruhrpott

Pyrenäenberghunde werden in Frankreich liebevoll Patou genannt. Er ist der langmütigste aller Herdenschutzhunde. Seine Geduld ist beinahe grenzenlos. Jörg Krämer erzählt ihre bewegte Geschichte. Jahrhundertelang wurden sie ausschließlich zum Schutz der Viehherden eingesetzt, für eine kurze Zeit als Wachhund in Schlössern und Burgen. Sogar zum „Schoßhund" am französischen Königshof hat der Patou es gebracht. Die schwierigste Zeit hatte die Rasse, als die Bären und Wölfe verschwanden. Zu dieser Zeit starben sie beinahe aus. Nur wenige Exemplare überlebten. Mit der Rückkehr der Wölfe ist der Patou wieder vermehrt in seiner ursprünglichen Rolle als Bewacher der Herden zu beobachten. Heute ist er weltweit verbreitet und wird immer beliebter. Ihre Reise führte die Pyrenäenberghunde von den Pyrenäen bis ins tiefste Ruhrgebiet. In dem Buch wird ausführlich auf die Besonderheiten der Pyrenäenberghunde eingegangen und es gibt Ratschläge zu Haltung und Erziehung dieser sanften Riesen.

Herausgeber : tredition; 1. Edition (26. Oktober 2021)
Sprache :   Deutsch
Taschenbuch : 192 Seiten
ISBN-10 :   3347393538
ISBN-13 :   978-3347393530
Preis: 9,99 €

MIX

Papier | Fördert
gute Waldnutzung

FSC® C083411

Zeitfracht Medien GmbH
Ferdinand-Jühlke-Straße 7
99095 Erfurt, Deutschland
produktsicherheit@kolibri360.de